Petit monde vivant

La forêt

Bobbie Kalman et Kathryn Smithyman

Traduction : Lyne Mondor

La forêt est la traduction de *What is a Forest?* de Bobbie Kalman et Kathryn Smithyman (ISBN 0-86505-969-1).
© 2003, Crabtree Publishing Company, 612 Welland Ave., St. Catharines, Ontario, Canada L2M 5V6

Catalogage avant publication de la Bibliothèque nationale du Canada

Kalman, Bobbie, 1947-

La forêt

(Petit monde vivant)
Traduction de: What is a forest?.
Comprend un index.
Pour enfants de 6 à 10 ans.

ISBN 2-89579-012-4

1. Écologie forestière - Ouvrages pour la jeunesse. 2. Forêts - Ouvrages pour la
jeunesse. I. Smithyman, Kathryn. II. Titre. III. Collection: Kalman, Bobbie, 1947-
. Petit monde vivant.

QH541.5F6K3614 2004   j577.3   C2004-940072-X

Nous reconnaissons l'aide financière du gouvernement
du Canada par l'entremise du Programme d'Aide au
Développement de l'Industrie de l'Édition (PADIÉ)
pour nos activités d'édition.

Conseil des Arts   Canada Council
du Canada   for the Arts

Éditions Banjo remercie
le Conseil des Arts du Canada du soutien
accordé à son programme d'édition dans
le cadre du programme des subventions
globales aux éditeurs.

Cet ouvrage a été publié
avec le soutien de la SODEC.

Gouvernement du Québec – Programme de crédit
d'impôt pour l'édition de livres – Gestion SODEC.

Dépôt légal – Bibliothèque nationale du Québec, 2004
Bibliothèque nationale du Canada, 2004
ISBN 2-89579-**012**-4

La forêt
© Éditions Banjo, 2004
233, av. Dunbar, bureau 300
Mont-Royal (Québec)
Canada H3P 2H4
Téléphone: (514) 738-9818 / 1-888-738-9818
Télécopieur: (514) 738-5838 / 1-888-273-5247
Site Internet: www.editionsbanjo.ca

Imprimé au Canada
1 2 3 4 5 II/20HD 08 07 06 05 04

Sur le site Internet :

 Fiches d'activités pédagogiques
en lien avec tous les albums
des collections Le Raton Laveur
et Petit monde vivant

 Catalogue complet
www.editionsbanjo.ca

Table des matières

Qu'est-ce qu'une forêt ?

*La plupart des conifères sont des **arbres à feuilles persistantes**, ce qui signifie qu'ils conservent leurs feuilles toute l'année.*

*Dans certaines parties du monde, les feuillus possèdent un feuillage persistant. Dans d'autres régions, ils perdent leurs feuilles une partie de l'année. Ils sont alors appelés **arbres à feuilles caduques**.*

Une forêt est un **habitat** naturel peuplé d'arbres. Toutefois, une forêt est bien plus qu'un simple groupement d'arbres. En effet, la forêt est constituée de plusieurs autres types de végétaux, tels que des arbrisseaux, des plantes à fleurs et des mousses. Les animaux font aussi partie de cet habitat qu'est la forêt. Les forêts du monde abritent d'ailleurs des milliers d'espèces animales différentes.

Les arbres dans la forêt

Il existe des milliers d'espèces d'arbres que l'on peut diviser en deux principaux groupes. On trouve les conifères, qui portent des cônes et qui sont pourvus de feuilles en forme d'aiguilles ou d'écailles plates. Le pin, l'épinette et le sapin sont des conifères. On trouve aussi les arbres à feuilles, aussi appelés feuillus, qui sont pourvus de feuilles larges et plates, dotées de nervures. L'érable, le chêne et le châtaignier sont des feuillus. Dans certaines forêts, ce sont les conifères qui dominent, tandis que dans d'autres, ce sont les arbres à feuilles. Les forêts mixtes mêlent ces deux groupes d'arbres.

Les strates de vie

En vieillissant, ou en devenant matures, les arbres et les plantes atteignent différentes hauteurs, formant ce qu'on appelle des strates. Les arbres très grands forment la canopée, qui constitue la strate la plus élevée. Les arbres appartenant à cette strate reçoivent beaucoup de lumière du soleil. Sous la canopée se trouve le sous-bois qui est constitué d'arbres plus petits, d'arbrisseaux et de jeunes arbres. À ce niveau, la forêt est plus sombre, car la canopée bloque la plupart des rayons du soleil. Quant à la strate inférieure, appelée couverture morte, elle est constituée de fougères, de mousses et d'autres plantes basses poussant au ras du sol.

Des changements constants

La vie dans la forêt change de mois en mois, de jour en jour, même de minute en minute : tout change sans arrêt ! Pour survivre, les plantes qui forment la forêt de même que les animaux qui y vivent doivent s'**adapter**, c'est-à-dire s'ajuster à tous ces changements. Les plantes et les animaux deviennent plus gros et se transforment en vieillissant. Durant certaines saisons, comme il y a moins de nourriture dans la forêt, plusieurs animaux doivent se déplacer pour en trouver. Les inondations et les feux sont aussi des facteurs de changements dans les forêts.

Dans la forêt, les arbres et les plantes de différentes hauteurs forment des strates. Les forêts tropicales ont une strate additionnelle formée d'arbres émergents (voir en page 23).

Les forêts sont des communautés

Les êtres vivants qui se trouvent en forêt – les arbres, les petites plantes et les animaux – dépendent les uns des autres pour survivre. Les arbres procurent de l'ombre et fournissent des abris contre les intempéries. Les différentes parties des arbres et des plantes constituent une source de nourriture pour plusieurs animaux. Certains animaux aident les plantes en propageant leurs graines. Même les plus petits animaux, appelés décomposeurs, sont utiles aux forêts. Ils transforment les plantes et les animaux morts en éléments nutritifs et en minéraux, qui retournent dans le sol. Les plantes puisent ensuite ces éléments nutritifs et ces minéraux du sol et les utilisent pour croître.

herbivore

carnivore

charognard

décomposeurs

Les chaînes alimentaires

Tous les êtres vivants ont besoin de l'énergie provenant de la nourriture. Les plantes sont les seuls organismes vivants capables de fabriquer leur propre nourriture. Les animaux se procurent de l'énergie en mangeant des plantes ou d'autres animaux. Les herbivores consomment des plantes, tandis que les carnivores mangent de la chair. Les carnivores sont des prédateurs ou des charognards. Les liens qui unissent les végétaux et les animaux constituent les chaînes alimentaires.

Les arbres ont aussi besoin des animaux

Les animaux aident plusieurs types d'arbres à se reproduire, c'est-à-dire à faire de nouveaux arbres. Pour être en mesure de produire des graines, certains arbres ont besoin d'insectes ou d'animaux pour assurer leur **pollinisation**. Certains arbres dépendent des animaux pour disperser leurs graines vers des lieux où elles ont de l'espace pour croître. Pour attirer les animaux, les graines des arbres à feuilles sont souvent contenues dans des fruits sucrés. Les animaux mangent les fruits, mais sont incapables d'en digérer les graines. Conséquemment, ils relâchent les graines en même temps que leurs déjections.

Les oiseaux vivant dans les forêts, tel ce tangara écarlate, dispersent des graines en mangeant.

Les feuilles rejettent de l'oxygène et de l'eau dans l'atmosphère.

Le soleil projette des rayons lumineux sur les feuilles.

Les feuilles absorbent le gaz carbonique provenant de l'atmosphère.

Les racines puisent de l'eau et des **nutriment**s dans le sol.

Les plantes utilisent l'énergie du soleil pour fabriquer leur propre nourriture. Ce processus est appelé **photosynthèse**. Le mot «photosynthèse» vient de deux mots : «photo», qui signifie «lumière», et «synthèse», qui signifie «association». En utilisant la lumière du soleil, l'arbre fabrique sa propre nourriture à partir de l'association de l'eau et du gaz carbonique. Cette opération engendre de l'oxygène, un produit de dégradation. Pour effectuer la photosynthèse, les arbres absorbent beaucoup de gaz carbonique provenant de l'atmosphère et libèrent de grandes quantités d'oxygène.

Comment poussent les forêts?

*En pourrissant, la **souche nourricière** procure l'eau et les éléments nutritifs nécessaires aux jeunes arbres.*

Les forêts sont constituées d'arbres qui se trouvent à différentes étapes de leur cycle de vie. Même lorsqu'ils sont morts, les arbres sont importants pour maintenir la forêt en santé. Lorsqu'un arbre mort tombe sur le sol, il absorbe l'eau et pourrit lentement, ou se décompose. Il devient un substrat idéal pour permettre aux mousses, aux fougères et aux jeunes arbres de pousser. Même si les jeunes arbres ne poussent pas directement sur eux, les arbres morts se décomposent en éléments nutritifs qui s'incorporent dans le sol. D'autres plantes utilisent ces éléments nutritifs qui favorisent leur croissance. Un arbre qui est mort, mais qui est resté debout s'appelle un chicot. Plusieurs insectes, oiseaux et autres animaux nichent dans les chicots et s'en nourrissent.

Le cycle de vie d'un arbre

Les arbres se reproduisent en fabriquant des graines. Si une graine atterrie à un endroit où elle peut germer, ou commencer à croître, elle développe des racines et une tige et se transforme alors en germe. Après quelque temps, ce germe forme des branches et des feuilles et devient un jeune arbre. Après quelques années, il devient plus grand, et ses branches deviennent plus grosses et plus fournies. En devenant mature, l'arbre produit ses propres graines.

graine ➝ germe ➝ jeune arbre ➝ arbre mature

La formation d'une forêt

Toutes les forêts se forment de la même façon. Les arbres commencent par pousser dans les prairies et les prés. Les premiers arbres à s'implanter font partie des espèces pionnières. Ce sont des arbres qui nécessitent beaucoup de lumière et d'espace pour croître. Lorsque les espèces pionnières arrivent à maturité, leurs feuilles et leurs branches projettent de l'ombre. Cela permet aux graines des arbres préférant les sites ombragés de prendre racine. Avec le temps, ces arbres aussi arrivent à maturité et se reproduisent. Ils finissent par étouffer les espèces pionnières, qui ne reçoivent alors plus assez de lumière. Au fur et à mesure que de nouveaux arbres poussent, la forêt se transforme. Lorsque les forêts ne sont pas troublées pendant quelques siècles, elles deviennent des **forêts matures**. Ces étapes de croissance et de changements sont appelées successions écologiques.

1. Les plantes herbacées sont les premiers végétaux à coloniser les sols nus. Elles nécessitent beaucoup de lumière.

2. Le vent et les animaux transportent les graines de certains végétaux, tels que des fleurs et des arbrisseaux. Les graines poussent rapidement sur le site, car elles reçoivent beaucoup de lumière.

3. Avec le temps, des végétaux de plus grandes tailles, tels que des arbres, commencent à pousser. Ils entrent alors en compétition avec les plantes de plus petites tailles, en leur bloquant la lumière du soleil et en puisant de grandes quantités d'eau et d'éléments nutritifs du sol. Les arbres deviennent les principales plantes. Au fur et à mesure qu'ils arrivent à maturité, la région devient une forêt.

Où se trouvent les forêts ?

La taïga, dominée par les conifères, est la plus vaste forêt du monde.

Il existe plusieurs types de forêts tempérées.

Les forêts tropicales poussent près de l'équateur.

Les arbres ont besoin d'une certaine quantité de chaleur, de lumière et de pluie pour survivre. C'est pourquoi ils ne peuvent pas pousser dans le Grand Nord, en Antarctique ou dans les déserts. Les forêts se retrouvent cependant dans la plupart des autres régions. Le climat et le type de sol d'une région déterminent quelles espèces d'arbres et quel genre de forêt peuvent y croître.

Le climat

La lumière du soleil, les **précipitations**, le vent et la température font partie du climat d'une région. Selon la **latitude**, les climats sont différents. Les régions tropicales, qui se situent près de l'équateur, présentent des climats chauds et humides, tandis que les régions se situant près des pôles Nord et Sud présentent des climats froids et secs. Entre les deux se trouvent les régions tempérées qui sont froides durant une partie de l'année et chaudes le reste du temps.

Le sol

Le sol se forme lorsque l'eau et le vent pulvérisent la roche. Il existe plusieurs types de sols. Certains sont plus fertiles que d'autres, car ils contiennent plus d'éléments nutritifs.

Les forêts du monde

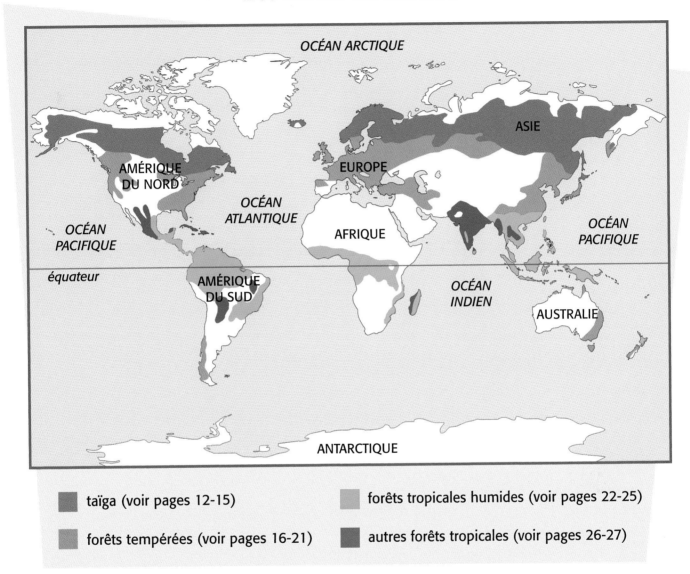

OCÉAN ARCTIQUE

ASIE

EUROPE

AMÉRIQUE DU NORD

OCÉAN ATLANTIQUE

OCÉAN PACIFIQUE

AFRIQUE

OCÉAN PACIFIQUE

équateur

AMÉRIQUE DU SUD

OCÉAN INDIEN

AUSTRALIE

ANTARCTIQUE

■ taïga (voir pages 12-15)

■ forêts tempérées (voir pages 16-21)

■ forêts tropicales humides (voir pages 22-25)

■ autres forêts tropicales (voir pages 26-27)

Les biomes

Les forêts sont des biomes. Les biomes sont de vastes régions naturelles où poussent certains types de plantes. Le sol, le climat et les animaux vivant dans ces régions font aussi partie des biomes. Les plantes et les animaux sont adaptés à la température et aux autres conditions. Il existe trois principaux biomes : la taïga, les forêts tempérées et les forêts tropicales humides. À l'intérieur de ces biomes, il existe d'autres types de forêts. La carte ci-dessus illustre où se trouvent les différents types de forêts.

La taïga

Le mot « taïga » signifie « petits bâtons ». Les forêts de la taïga sont aussi appelées forêts boréales. On les retrouve dans les parties septentrionales de l'Amérique du Nord, de l'Europe et de l'Asie. Ces régions ont des étés courts et chauds, et des hivers longs et très froids. La plupart des précipitations tombent sous forme de neige plutôt qu'en pluie. C'est pourquoi les forêts boréales sont assez sèches. Elles reçoivent peu de soleil pour la plus grande partie de l'année. En raison de ces conditions, les forêts boréales ont une **période de croissance** écourtée.

Des arbres résistants

Seulement quelques espèces de conifères sont capables de pousser dans la taïga – certaines sections de la forêt ne sont d'ailleurs constituées que d'un seul type d'arbre ! Les conifères de la taïga se sont adaptés aux basses températures, aux vents glacés et aux courtes périodes de croissance. Leurs feuilles courtes en forme d'aiguilles sont recouvertes d'une couche cireuse qui les empêche de se dessécher. Leurs branches orientées vers le bas permettent à la neige de glisser sans les casser. Les arbres poussent près les uns des autres, ce qui les aide à se protéger du froid et du vent.

Les arbres de la taïga sont si tassés qu'ils bloquent le peu de soleil que reçoit la forêt. Peu de plantes sont capables de pousser dans le sous-bois de la taïga. Les mousses et les lichens poussent sur la couverture morte. À la lisière de la taïga, d'autres types de végétaux sont capables de pousser, car les arbres sont plus dispersés.

Quelques données :

Localisation : Alaska, Canada, Sibérie et Scandinavie

Température : –54 °C à 21 °C

Précipitations annuelles : 40-101 cm; surtout de la neige

Sol : mince, **acide**, contenant peu de nutriments

Les animaux de la taïga

Parmi les animaux que l'on rencontre dans les forêts boréales se trouvent des orignaux, des caribous, des rennes, des lynxs, des ours noirs, des loups, des belettes, des lièvres, des écureuils, des hiboux et des tamias. Plusieurs animaux, tels que les élans illustrés ci-dessus, se déplacent entre les forêts et les espaces ouverts. Les animaux de la taïga se sont adaptés de plusieurs manières au climat rude et au manque occasionnel de nourriture. Durant l'hiver, certains animaux se dirigent vers le sud, là où les régions sont plus chaudes; quelques-uns dorment pendant les mois les plus froids, tandis que d'autres restent actifs durant toute l'année. La plupart des animaux de la taïga possèdent une épaisse fourrure ou un épais plumage pour garder la chaleur contre leur corps. Plusieurs possèdent des couches de graisse supplémentaires pour les garder au chaud. Certains animaux emmagasinent de la graisse spécialement pour l'hiver.

Les mangeurs de plantes

Les grands herbivores, tels que les caribous et les orignaux, se sont adaptés de différentes façons aux réserves limitées de feuilles et de plantes tendres de la taïga. Les orignaux restent habituellement aux abords de la taïga, où poussent de petites plantes et quelques feuillus. Les caribous sont capables de manger les aiguilles coriaces des conifères. Ils broutent aussi les lichens.

En route vers le sud

Les insectes se reproduisent durant le printemps et l'été. Plusieurs oiseaux insectivores vivent et se reproduisent dans la taïga durant cette période. Quand la saison froide survient, les insectes disparaissent. Les oiseaux migrent alors vers le sud avec leur progéniture.

Certains oiseaux, tel ce pic bois, vivent dans la taïga une partie de l'année, puis migrent vers des régions plus chaudes à l'automne.

Se cacher de l'hiver

Plusieurs animaux de la taïga survivent à l'hiver en l'évitant. Plusieurs d'entre eux, comme les écureuils et les ours, s'enfoncent dans un profond sommeil durant les mois les plus froids. Ils n'**hibernent** pas à proprement parler, mais dorment de longues périodes de temps. En dormant dans une tanière ou dans un terrier, les animaux se trouvent à l'abri du froid et peuvent économiser leur énergie, car ils sont moins actifs. Ils se réveillent les jours de redoux et en profitent pour s'étirer et chercher de la nourriture.

Les forêts tempérées

Les régions tempérées comportent quatre saisons distinctes: le printemps, l'été, l'automne et l'hiver. Les arbres et les autres végétaux poussent durant la saison chaude, qui dure de quatre à six mois. Les forêts tempérées reçoivent habituellement de la pluie durant le printemps, l'été et l'automne. Dans la plupart des régions, des précipitations de neige tombent durant l'hiver. Les forêts tempérées sont parfois appelées forêts à feuilles caduques des régions tempérées parce qu'elles sont dominées par les feuillus, qui perdent leurs feuilles durant l'hiver (voir pages 18-19). Toutefois, la plupart des forêts tempérées contiennent quelques conifères. Quelques-unes d'entre elles sont même dominées par la présence de conifères.

Quelques données:

Localisation: est de l'Amérique du Nord, Europe centrale et Europe de l'Ouest, sud de la Corée et Japon

Température: –30 °C à 30 °C

Précipitations annuelles: 60-152 cm; pluie et neige

Sol: épais, noir, fertile

Les feuilles des arbres à feuilles caduques changent de couleur en automne.

La lumière de la forêt

Les arbres les plus grands de la forêt tempérée peuvent atteindre de 18 à 30 m de hauteur. Parce que le climat n'est pas aussi rigoureux que celui de la taïga, les arbres ne poussent pas aussi près les uns des autres. De plus, comme les arbres sont plus espacés, la canopée n'est pas aussi dense. Il y a davantage de lumière et de chaleur qui atteignent le sous-bois et la couverture morte que dans la forêt boréale. Une variété d'arbrisseaux, de fougères, de mousses, de plantes à fleurs et de jeunes arbres se développent sous les grands arbres.

Les jeunes arbres et les arbrisseaux poussent parmi les arbres matures.

Dans les forêts pluviales matures, certains arbres poussent depuis des milliers d'années. Quelques-uns ont un tronc mesurant plus de 6 m de diamètre.

Les forêts pluviales tempérées

Quelques forêts tempérées sont situées à proximité de l'océan. Cette situation contribue à maintenir les hivers doux et les été frais. Ces forêts sont aussi connues sous le nom de forêts côtières ou forêts pluviales tempérées. L'une de ces forêts est située entre l'océan Pacifique et les montagnes Rocheuses. À cet endroit, l'humidité de l'océan s'accumule et se brise contre les montagnes, puis retombe sous forme de pluie. Cette région reçoit d'abondantes précipitations, plus de 198 cm de pluie chaque année! Plusieurs espèces de conifères, telles que le séquoia toujours-vert, le sapin-de-Douglas, le thuya géant et la pruche de l'Ouest se développent à cet endroit. Le climat doux et humide est idéal pour ces arbres.

 # À travers les saisons

Dans la plupart des forêts tempérées, les feuillus doivent se débarrasser de leurs feuilles afin de survivre aux températures froides de l'hiver. Ces arbres sont munis de feuilles larges et minces afin de capter beaucoup de rayons solaires en vue d'effectuer la photosynthèse. Les feuilles laissent échapper beaucoup d'eau. En automne, lorsque les journées raccourcissent et deviennent plus froides, les feuilles reçoivent moins de lumière. À la longue, les feuilles meurent et tombent. En se débarrassant de leurs feuilles, les feuillus économisent de l'énergie. De plus, cela les empêche de laisser échapper trop d'eau et de se dessécher. Sans leurs feuilles, les feuillus deviennent inactifs et entrent en période de dormance jusqu'au printemps. Ils vivent des réserves qu'ils ont emmagasinées.

Durant l'été, la forêt mixte est luxuriante et verte, car les feuillus et les conifères portent alors tous deux des feuilles.

Durant l'automne, les feuilles des arbres feuillus changent de couleur et tombent. Les conifères, qui sont pourvus de feuilles persistantes, restent verts.

18

Durant l'automne, les feuilles qui tombent des arbres à feuilles caduques forment une épaisse litière de feuilles sur le sol. Les petites branches, les bûches et les animaux morts font aussi partie de cette litière. Au printemps, lorsque la température est chaude et humide, les feuilles et les autres éléments formant cette litière se décomposent rapidement. Ils se transforment en une épaisse couche d'humus foncé contenant plusieurs des éléments nutritifs nécessaires à la croissance de nouveaux végétaux. Ainsi, le sol des forêts tempérées est très fertile.

Durant l'hiver, les feuillus sont dépourvus de feuilles. En revanche, les conifères gardent leurs aiguilles.

Au printemps, les feuillus se couvrent de feuilles. Les plantes et les fleurs poussent sur la couverture morte.

La vie dans la forêt tempérée

Les pygargues à tête blanche se nourrissent de poissons qu'ils pêchent dans les rivières et les ruisseaux. Plusieurs d'entre eux migrent vers le sud lorsque les eaux gèlent.

Les renards roux vivent dans les forêts boréales et tempérées de l'Amérique du Nord.

Les forêts tempérées procurent de la nourriture et des abris à une grande variété d'animaux, parmi lesquels on trouve des ours, des chevreuils, des renards, des grenouilles, des vers, des hiboux et des pygargues à tête blanche. Ces animaux se sont adaptés à la vie saisonnière des forêts. Pour faire face aux saisons, certains animaux transforment leur corps ou modifient leur comportement.

Vaste espace

Quelques animaux vivant dans la taïga se rencontrent aussi dans les forêts tempérées. La lisière septentrionale de la forêt tempérée se joint à la bordure méridionale de la taïga. Quelques animaux se déplacent d'une forêt à l'autre lorsque les saisons changent, tandis que d'autres vont de l'une à l'autre quotidiennement. Quelques oiseaux et grands animaux se déplacent entre les forêts pour trouver de la nourriture, tandis que d'autres s'y déplacent pour chercher un abri.

Moins de nourriture durant l'hiver

Plusieurs animaux ont besoin d'une alimentation différente durant l'hiver que durant les autres saisons. Les chevreuils et les porcs-épics, par exemple, se nourrissent de jeunes plantes tendres durant le printemps et l'été. En hiver cependant, comme la neige recouvre ces plantes, ils doivent manger l'écorce des arbres. Certains carnivores, comme les loups, doivent souvent lutter pour assurer leur survie, car il y a moins de nourriture durant l'hiver. Peu de petits animaux sont actifs durant cette période, de sorte que la chasse est moins fructueuse.

Les chevreuils se nourrissent d'écorce durant l'hiver. Ils peuvent toutefois endommager les arbres s'ils prélèvent trop de leur écorce.

Confortable au sol

Le sol de la forêt tempérée est un lieu très fréquenté! La majeure partie de l'année, il reçoit suffisamment de chaleur et de lumière pour permettre aux animaux **à sang froid**, tels que les grenouilles et les couleuvres, de vivre au milieu des plantes et du tapis de feuilles. Plusieurs petits animaux, tels que les mille-pattes et les vers, se nourrissent de la litière de feuilles, contribuant ainsi à la transformer en humus. D'autres animaux, tels que les oiseaux et les taupes, se nourrissent de ces petites créatures. Même durant l'hiver, plusieurs petits animaux tels que les vers et les insectes arrivent à vivre dans la litière. Bien que la température soit froide, la neige déposée sur le sol agit comme une couverture, protégeant la litière de feuilles du froid.

Les forêts tropicales humides

Les régions où poussent les forêts tropicales sont caractérisées par un climat chaud s'étendant sur toute l'année. Le temps d'ensoleillement dure le même nombre d'heures chaque jour, et il pleut presque quotidiennement. On y trouve des feuillus, mais comme la température est stable, la plupart d'entre eux gardent toujours leurs feuilles. La période de croissance des arbres s'étend sur toute l'année, de sorte qu'ils peuvent atteindre une hauteur imposante. Le climat chaud et humide convient aussi à plusieurs autres plantes. En fait, cette forêt abrite la plus grande variété de plantes au monde.

Quelques données :

Localisation : Amérique centrale et Amérique du Sud, Afrique de l'Ouest et Afrique centrale, Asie du Sud-Est

Température : 30 °C pendant la journée; 20 °C durant la nuit

Précipitations annuelles : plus de 200 cm; sous forme de pluie

Sol : mince, contenant peu de nutriments

Atteindre des sommets

Les arbres formant la canopée sont si grands et leur feuillage si dense que très peu de lumière parvient à les traverser. Certaines plantes ont donc développé des façons originales de se procurer de la lumière. Ainsi, les arbres émergents s'élèvent au dessus de la canopée. De leur côté, les lianes s'élèvent en s'accrochant aux arbres afin d'atteindre la lumière du soleil. Plutôt que de s'ancrer au sol où il fait trop noir, certaines plantes à fleurs, appelées épiphytes, vivent accrochées à un arbre. Les racines de ces plantes sont suspendues dans les airs afin d'absorber l'humidité. Afin de capter le plus de lumière possible, les arbres et les plantes poussant dans les sous-bois sombres sont quant à eux pourvus de feuilles gigantesques.

Sol pauvre

En raison du climat chaud et humide, les feuilles et les fruits qui tombent au sol se décomposent rapidement, et leurs éléments nutritifs sont emportés par la pluie. En conséquence, le sol des forêts tropicales n'est pas composé d'une épaisse couche d'humus. Les arbres se sont toutefois adaptés à ce type de sol pauvre. Plusieurs d'entre eux sont pourvus, à la base, d'excroissances ligneuses appelées racines en contrefort qui assurent une meilleure stabilité dans ce sol peu profond.

arbres émergents

liane

pointe fine et allongée

racines en contrefort

Dans la forêt tropicale, plusieurs espèces d'arbres sont pourvues de feuilles dont l'extrémité se termine en pointe fine et allongée. Cette forme permet à la pluie de s'égoutter.

23

La vie dans la forêt pluviale

Les forêts tropicales couvrent moins de superficie que les autres forêts, mais abritent plus d'animaux, au moins la moitié de toutes les espèces de la planète! On trouve plus d'oiseaux et d'insectes dans les forêts tropicales que partout ailleurs dans le monde.

Trouver sa spécialité

Dans les forêts tropicales se trouvent des millions d'animaux qui se livrent une féroce concurrence pour trouver de la nourriture et un espace de vie. La plupart d'entre eux sont spécialisés, ce qui signifie qu'ils vivent à l'intérieur d'une strate de la forêt et se nourrissent d'un aliment en particulier.

Les strates de vie

Les oiseaux, les chauves-souris et les petits singes vivent dans la partie supérieure de la canopée, où se trouvent des fruits et des fleurs en abondance. La partie inférieure de la canopée abrite des animaux plus gros et plus lourds, comme des singes de plus grande taille, des toucans et des paresseux. Peu d'animaux vivent dans le sous-bois en permanence, mais plusieurs le traversent ou s'y cachent pour échapper aux prédateurs. La couverture morte abrite des animaux de grande taille, comme des jaguars, des tapirs et des sangliers. On trouve des millions d'araignées, d'insectes, de lézards, de grenouilles et de serpents vivant dans toutes les strates.

La forêt tropicale amazonienne

Au Brésil, le fleuve Amazone coule à travers la plus grande forêt tropicale du monde. Cette forêt abrite une très grande diversité d'espèces animales. Plusieurs de ces animaux ne se rencontrent nulle part ailleurs. La forêt amazonienne est si dense qu'il est difficile de s'y déplacer. Certains scientifiques estiment qu'il y aurait des millions d'espèces animales différentes y vivant et n'ayant pas encore été répertoriées. Lorsqu'ils se représentent la forêt tropicale, les gens pensent généralement aux singes et aux oiseaux colorés. Toutefois, la plupart des animaux qui s'y trouvent sont en fait de petits invertébrés, c'est-à-dire des animaux dépourvus de colonne vertébrale. Ces animaux comprennent des insectes, des araignées et des mille-pattes.

Les toucans utilisent parfois leur bec pour faire fuir leurs ennemis.

Cette sauterelle représente l'une des millions d'espèces d'insectes vivant dans les forêts tropicales.

Cette grenouille dendrobate porte des couleurs éclatantes pour avertir les prédateurs qu'elle est venimeuse.

25

Les autres types de forêts tropicales

Les régions tropicales ne reçoivent pas toujours autant de pluie que les forêts tropicales pluvieuses. Certaines régions ne reçoivent des précipitations qu'une certaine partie de l'année. D'autres présentent des conditions climatiques uniques favorisant la croissance de certains types de forêts.

Dans les nuages

Les forêts tropicales de brouillard se développent en altitude, où les températures sont fraîches. Les gouttelettes de pluie que laissent échapper les nuages s'accumulent sur les feuilles et les branches, puis s'écoulent sur le sol. Par conséquent, le sol est détrempé et fertile. Les forêts de brouillard abritent des feuillus et d'autres types de végétaux, comme des fougères et des orchidées.

S'il n'y avait pas de forêts de brouillard pour recueillir les gouttelettes de pluie, la majeure partie de l'eau contenue dans ces nuages ne tomberait pas.

Les forêts de mousson

Les moussons sont des tempêtes caractéri-sées par de grands vents et de violents orages. Certaines régions tropicales reçoi-vent beaucoup de pluie durant la saison de la mousson, mais peu ou pas le reste de l'année. Ces régions sont principalement peuplées de feuillus. Pour survivre à la saison sèche, ces arbres perdent leurs feuilles, tout comme les feuillus des régions tempérées durant l'hiver. Les forêts constituées de ces arbres sont appe-lées forêts de mousson. Comme il y a moins de pluie pour lessiver les nutri-ments, les forêts de mousson ont des sols plus fertiles que ceux des forêts pluviales. Le sol étant bon pour l'agriculture, plu-sieurs forêts de mousson ont été rasées par les habitants. Pour en connaître davantage au sujet des menaces qui pèsent sur les forêts, tu peux consulter les pages 28-29.

Durant l'été, les orangs-outangs mangent beaucoup de feuilles et de fruits afin d'emma-gasiner de la graisse. Lorsque la nourriture est moins abondante durant la saison sèche, cette graisse les aide à survivre.

Les forêts de la mangrove

Les arbres de la mangrove poussent en bordure des littoraux tropicaux. Ces arbres sont pourvus de racines **aériennes** qui leur permettent de vivre dans l'eau. Les racines retiennent tellement de sable et de vase qu'un ensemble de man-groves peut former une île. Les îles de la mangrove abritent une faune riche, comprenant des oiseaux de rivage, des crustacés et des singes.

Les forêts en péril

Lorsqu'un incendie ne prend pas des proportions démesurées, son action peut être salutaire pour la forêt, car il la débarrasse des branches et des arbres morts.

Les arbres des forêts sont parfois remplacés par des arbres cultivés. Ces «forêts cultivées» n'abritent jamais autant de variétés d'arbres que les forêts naturelles.

Des causes naturelles, comme des inondations ou des feux déclenchés par des éclairs, peuvent être responsables de la destruction de grandes étendues de forêts. Les dommages ainsi causés font toutefois partie de la vie normale des forêts et ne menacent habituellement pas leur survie. Dans les zones endommagées, lorsque des arbres meurent, leurs nutriments retournent à la terre.

La déforestation

Les humains endommagent bien plus les forêts que ne le font les causes naturelles, et les dommages qu'ils causent sont souvent irrémédiables. Ils rasent les forêts pour construire des fermes, des routes et des édifices. Ils utilisent aussi les arbres pour fabriquer des planches et des produits de papier. La pollution causée par les humains représente aussi un problème de taille. Plusieurs arbres se trouvent ainsi menacés par les pluies acides, qui surviennent lorsque la pollution de l'air, engendrée par les voitures et les usines, se mêle aux nuages. Les pluies acides brûlent les feuilles et provoquent leur chute. Sans leurs feuilles, les arbres meurent, car ils sont incapables de fabriquer leur nourriture. Les pluies acides empoisonnent aussi le sol des forêts.

Une disparition définitive

Dans plusieurs régions du monde, incluant les forêts tropicales, certaines personnes pratiquent des coupes à blanc. Lorsque les forêts sont rasées, tous les arbres et toutes les plantes sont abattus ou brûlés, même si dans les faits seulement quelques arbres sont réellement utilisés. La déforestation a des conséquences néfastes. Les arbres disparaissent, de même que les animaux et les végétaux qui composent la communauté de la forêt. Une espèce végétale ou animale vivant dans une section rasée de la forêt peut disparaître très rapidement, c'est-à-dire arriver à **extinction**, parfois en une seule journée!

La gestion des forêts

Certaines entreprises d'exploitation forestière reboisent, c'est-à-dire qu'elles plantent de nouveaux arbres pour remplacer ceux qu'elles ont abattus. Toutefois, les zones reboisées ne sont pas comme les forêts d'origine. Les entreprises ne plantent habituellement que quelques variétés d'arbres. Comme elles contiennent moins d'espèces d'arbres, ces «forêts cultivées» ne peuvent pas abriter autant d'espèces animales et végétales que les forêts d'origine. D'autres entreprises forestières ont commencé à pratiquer des coupes sélectives. Elles n'abattent que les arbres matures qui leur sont utiles et préservent les autres.

La planète a besoin de forêts

Les forêts abritent presque toute la faune et la flore de la planète. Les animaux et les végétaux qui ne peuvent survivre que dans un type de forêt peuvent disparaître à jamais si leur habitat est détruit. En préservant leur habitat, nous pouvons sauver un grand nombre d'espèces.

L'importance du sol

Le sol est une partie importante de l'environnement. Un sol en santé permet aux végétaux de croître. Les végétaux vivant dans les forêts préviennent l'érosion du sol. En poussant dans le sol, les racines des arbres contribuent à retenir la terre. Si la terre n'est pas ancrée dans le sol par les racines des plantes, elle peut s'assécher et s'éroder, c'est-à-dire être emportée par le vent et l'eau.

Lorsque des arbres sont coupés, leurs racines cessent de retenir la terre, qui se fait alors balayer. Comme il y a moins de terre, moins de plantes sont capables de pousser. La qualité du sol se détériore, car il y a moins de végétaux qui pourrissent et qui retournent leurs nutriments dans le sol. Lorsqu'une forêt est rasée, l'érosion du sol est parfois si importante que plus rien ne pousse.

La destruction des forêts peut avoir des répercussions sur les animaux d'autres habitats. Par exemple, lorsque le sol érodé est balayé jusque dans les cours d'eau, l'habitat des poissons est détruit.

Les forêts contribuent au cycle de l'eau

Dans une forêt en santé, une certaine quantité de pluie est utilisée par les végétaux, qui évacuent l'eau dont ils n'ont pas besoin par transpiration. Les vapeurs d'eau s'élèvent ensuite dans l'atmosphère pour former des nuages qui, par la suite, produiront de la pluie. Les forêts pluviales laissent tellement échapper d'humidité dans l'atmosphère que les précipitations qui en découlent affectent le globe tout entier. Les scientifiques estiment que la déforestation des forêts pluviales peut entraîner de grandes sécheresses, c'est-à-dire des périodes sans pluie extrêmement arides, dans d'autres régions du monde.

Le réchauffement de la planète

Les arbres de la forêt utilisent le gaz carbonique pour effectuer la photosynthèse. En absorbant le gaz carbonique en et produisant de l'oxygène, les arbres contribuent à purifier l'air. Le gaz carbonique est un gaz entraînant l'amplification de l'effet de serre, car il retient la chaleur près de la surface de la Terre. Si les forêts disparaissent, la température atmosphérique pourrait s'élever et entraîner des bouleversements climatiques. Les scientifiques ne savent pas encore de quelles manières ces changements affecteront la planète et tout ce qui y vit.

Glossaire

acide Se dit d'un sol contenant des taux élevés d'acide qui entravent la croissance de plusieurs végétaux

adapter (s') Changer de façon à être davantage en harmonie avec son environnement

aériennes Se dit des racines qui ne sont pas ancrées dans le sol, mais qui sont exposées à l'air

arbre à feuilles caduques Se dit d'un arbre dont les feuilles tombent pendant certaines saisons

arbre à feuilles persistantes Se dit d'un arbre qui garde ses feuilles toute l'année

extinction Se dit d'une plante ou d'un animal qui a disparu de la planète

forêt mature Forêt qui a poussé pendant une longue période de temps sans que les arbres aient été abattus

habitat Milieu ou environnement dans lequel vit un animal ou une plante

hibernation Sommeil hivernal de certains animaux, s'accompagnant d'un ralentissement de la respiration et du rythme cardiaque, ainsi que d'une chute de la température corporelle avoisinant le point de congélation

latitude Distance nord ou sud de l'équateur, mesurée en degrés

lichen Végétal formé de l'association d'un champignon et d'une algue, poussant sur les pierres ou sur les troncs d'arbres

nutriment Substance naturelle qui contribue à la croissance des animaux ou des plantes

période de croissance Espace de temps pendant lequel les conditions climatiques favorisent la croissance des végétaux

photosynthèse Processus par lequel les plantes utilisent l'énergie du soleil pour transformer l'eau et le gaz carbonique en nourriture

pollinisation Processus par lequel le pollen de la fleur d'un arbre est transporté jusqu'à la fleur d'un autre arbre en vue de produire des graines, assurant ainsi la reproduction des arbres

précipitation Chute d'eau, pouvant se présenter sous forme de pluie ou de neige, tombant sur la surface de la Terre

sang froid (à) Se dit d'un animal dont la température du corps varie en fonction de la température du milieu ambiant

souche nourricière Base d'un vieil arbre mort procurant les nutriments nécessaires à la croissance de jeunes arbres

Index